D1843855

Von Henriette Wich sind in dieser Reihe erschienen:
Kleine Gutenacht-Geschichten zum Vorlesen (ab 2)
Kleine Sandmännchen-Geschichten zum Vorlesen (ab 2)
Kleine Feuerwehr-Geschichten zum Vorlesen (ab 3)
Kleine Ritter-Geschichten zum Vorlesen (ab 4)
Kleine Tier-Geschichten zum Vorlesen (ab 2)
Kleine Adventszeit-Geschichten zum Vorlesen (ab 2)

Henriette Wich, geboren 1970 in Landshut, wuchs mit sechs Geschwistern auf und fing früh an zu erzählen. Nach dem Studium (Germanistik, Philosophie) arbeitete sie sechs Jahre als Lektorin in Kinder- und Jugendbuchverlagen und lebt heute als freie Autorin in München.

Miriam Cordes, 1970 in Hamburg geboren, hat am Institut für Grafik und Design und an der Fachhochschule für Gestaltung in Hamburg Werbegrafik und Kinderbuchillustration studiert. Miriam Cordes illustriert am liebsten für Kinder und hat schon einige Bilder- und Kinderbücher veröffentlicht.

© Verlag Heinrich Ellermann GmbH, Hamburg 2006
Alle Rechte vorbehalten
Einband und farbige Illustrationen von Miriam Cordes
Reproduktion: Die Litho, Hamburg
Druck und Bindung: J. P. Himmer, Augsburg
Printed in Germany 2006
ISBN-13: 978-3-7707-3965-3
ISBN-10: 3-7707-3965-5

www.ellermann.de

Henriette Wich · Miriam Cordes

Kleine Adventszeit Geschichten zum Vorlesen

ellermann

Anna und der Adventskalender

Anna wacht auf und weiß sofort: Heute ist der 1. Dezember! Sie springt aus dem Bett und rennt in die Küche. Dort hängt ihr Adventskalender: ein schönes, großes Haus mit 24 Türen. Endlich darf sie das erste Türchen aufmachen. Anna sucht die goldene Eins. Da ist sie. Plötzlich erschrickt Anna. Das Türchen ist schon offen! Dann entdeckt sie ihren kleinen Bruder Jonas. Er sitzt vor dem Adventskalender auf dem Boden und strahlt über das ganze Gesicht.

»Guck mal, Kerze!«, ruft Jonas.

Anna funkelt Jonas wütend an. »Warum hast du das Türchen aufgemacht? Das ist mein Adventskalender!«

Jonas lacht. »Kerze!«

Da muss Anna auch lachen. »Ja, die rote Kerze ist schön«, sagt sie und kuschelt sich an Jonas.

24 5 22 13 7 12
20 23 6 3 14 15
18 11 2 19 16 4
10 9 21 17 8

Sebastian fährt Schlitten

Am 2. Dezember schneit es endlich. Am Nachmittag ist alles weiß. Sebastian geht mit Papa Schlitten fahren. Er hat seinen neuen Schneeanzug an und Papa einen langen Wollmantel. Auf der Schlittenwiese gibt es einen kleinen und einen großen Berg. Letztes Jahr ist Sebastian immer den kleinen Berg hinuntergefahren.

»Ich will den großen Berg runterfahren!«, sagt Sebastian. »Ich bin schon groß.«

»Gut«, sagt Papa.

Als sie oben sind, setzt sich Sebastian vor Papa auf den Schlitten und guckt nach unten. Da geht es aber steil hinunter!

»Ich hab Angst!«, sagt Sebastian.

Papa wickelt Sebastian in seinen Mantel. Der Mantel duftet nach Papa und ist wie eine Höhle.

»Jetzt hab ich keine Angst mehr!«, sagt Sebastian.

Papa fährt los.

»Wir kommen!«, ruft Sebastian.

Dann sausen sie zusammen den Berg hinunter.

Zinnober hat Zahnweh

Bald ist Nikolausabend. Die Nussknacker knacken von früh bis spät Nüsse. Zinnober ist besonders schnell. Plötzlich schreit er: »Aua, mein Zahn!«
»Warte!«, sagt Mama und holt ein rotes Tuch. Da sind lauter Tannenbäume drauf. Mama bindet das Tuch um Zinnobers Wange.
Das Tuch ist warm und weich. Zinnober setzt sich auf einen Stuhl und guckt den anderen bei der Arbeit zu. Und auf einmal tut der Zahn nicht mehr weh. Zinnober schnappt sich eine kleine Nuss. Vorsichtig legt er sie zwischen die Zähne und beißt zu.
»Das Zahnweh ist weg!«, ruft Zinnober.
Mama lächelt. »Das ist schön. Dann brauchst du ja das Tuch nicht mehr.«
»Doch«, sagt Zinnober. »Das Tuch trage ich so lange, bis Weihnachten ist!«

Saskia und der Sternenhimmel

»Gute Nacht!«, sagt Mama.
»Warte!«, ruft Saskia. »Wie lange dauert es noch bis Weihnachten?«
Mama guckt auf den Kalender.
»Heute ist der 4. Dezember. Du musst noch zwanzig Mal schlafen.«
»Zwanzig Mal!«, stöhnt Saskia. »Ich will aber nicht so lange warten.«
Mama geht zum Schrank und holt eine Schachtel heraus. »Ich hab was für dich. Da sind Leuchtsterne drin. Ich lege zwanzig Sterne für dich in eine Tüte.«
»Warum?«, fragt Saskia.
Mama nimmt einen Leuchtstern in die Hand. »Das sag ich dir gleich. Aber erst musst du den Stern an die Wand kleben.«
Und schon hängt der Stern neben Saskias Bett. Mama macht das Licht aus. Der Stern fängt an zu leuchten.
»Ab heute darfst du jeden Abend einen Stern an die Wand kleben«, sagt Mama. »Und wenn die Tüte leer ist, dann ist Weihnachten!«
Bald hängen zwei Sterne an der Wand, dann drei, dann vier ... Und jeden Abend leuchten sie ein bisschen heller.

Der Nikolaus kommt in der Nacht

So kalt war es am Nikolausabend noch nie! Der Nikolaus hat schon Eiszapfen-Hände. Trotzdem geht er weiter von Haus zu Haus und verteilt seine Geschenke. Endlich ist er beim letzten Haus und klopft laut an die Tür.
Jules Vater macht auf. »Oh, hallo, Nikolaus! Komm rein.«
Bibbernd geht der Nikolaus ins warme Wohnzimmer und schenkt Jule ein Buch mit Gespenstergeschichten.
»Danke!«, sagt Jule.
Der Nikolaus lächelt und reibt seine eiskalten Hände.
»Du frierst ja«, sagt Jule. »Du brauchst Handschuhe. Papa, hast du Handschuhe für den Nikolaus?«
»Klar«, sagt Papa und holt extradicke, rote Handschuhe.
Der Nikolaus probiert die Handschuhe an. Sie passen genau. Seine Hände werden auch schon warm.
»Danke!«, sagt der Nikolaus und geht fröhlich nach Hause. Jetzt muss er nie mehr frieren.

Leonie und die Lebkuchen

Leonie findet ihren Nikolausstrumpf toll. Der ist voller Lebkuchen. Leonie nimmt ihn überall mit hin: ins Wohnzimmer und in die Küche, in den Flur und sogar aufs Klo. Als sie wieder mal ins Wohnzimmer kommt, legt sie den Strumpf auf den Tisch. Aber was ist das?

»Wo sind meine Lebkuchen?«, ruft Leonie.

»Hier sind sie«, sagt Mama. »Du hast sie unterwegs verloren.«

Leonie guckt sich den Nikolausstrumpf genauer an. Am großen Zeh ist ein Loch. Da sind die Lebkuchen rausgefallen.

»Ich stopfe das Loch gleich«, sagt Papa und holt Nadel und Faden. Leonie setzt sich auf Papas Schoß und schaut zu. Bald ist der Strumpf wieder ganz. Leonie legt die Lebkuchen hinein – bis auf zwei. Die wandern in ihren Mund.

»Hat der Strumpf schon wieder ein Loch?«, fragt Mama.

»Nein!«, sagt Leonie und hüpft mit dem Strumpf davon.

Pelle backt Plätzchen

Noch vierzehn Tage bis Weihnachten! Oma und Pelle backen Plätzchen. Oma rollt den Teig aus. Dann geht es los. Pelle sticht drei Plätzchen aus: einen Weihnachtsmann, einen Engel und eine Glocke. Aber der Weihnachtsmann hat eine schiefe Nase! Der Engel hat drei Flügel. Und die Glocke ist viel zu breit geworden.
»Oma!«, sagt Pelle. »Deine Plätzchen sind so schön, und meine sind ganz schief.«
Oma guckt sich Pelles Plätzchen an. »Ich finde deine Plätzchen viel schöner als meine. Dein Weihnachtsmann hat eine tolle Nase. Damit kann er um die Ecke riechen. Und dein Engel fliegt bestimmt dreimal so schnell wie die anderen Engel.«
»Wirklich?«, fragt Pelle.
Oma nickt.
Pelle legt die breite Glocke auf das Blech. Dann flüstert er Oma zu: »Hui, hier kommt das Glocken-Gespenst!«

Greta und der Glücksesel

Mitte Dezember gehen Greta und Opa über den Weihnachtsmarkt. Dort gibt es eine Krippe mit einem echten Ochsen, einem Esel und zwei Schafen. Greta läuft zum Zaun. Der Esel kommt näher. Er hat braunes Fell und samtweiche Ohren. Greta krault den Esel hinter den Ohren. Das gefällt ihm richtig gut.

»Ich mag dich«, sagt Greta zu dem Esel.

Plötzlich streckt der Esel seine raue Zunge heraus und schleckt Greta über das Gesicht.

»Iiih!«, ruft Greta. Das kitzelt, und ihre Wange ist ganz nass.

Opa lacht. »Das bringt Glück. Wenn dich im Advent ein Esel abschleckt, geht dein größter Wunsch in Erfüllung.«

»Mein größter Wunsch ist, dass du mit mir Karussell fährst!«, sagt Greta.

Opa zwinkert ihr zu. »Dann weiß ich, was wir jetzt machen!«

Robin malt ein Rentier

In vier Tagen ist Weihnachten, und Robin hat immer noch kein Geschenk für seine große Schwester! Was soll er Lola nur schenken?
»Mal ihr doch ein Bild«, sagt Papa. »Ich helf dir.«
»Au ja!«, sagt Robin und holt Papier und Malstifte.
Robin und Papa malen Rudolf, das Rentier. Rudolf zieht einen Schlitten voller Geschenke hinter sich her.
Das Bild wird wunderschön. Robin versteckt es in seinem Zimmer. Jetzt kann er es kaum erwarten, bis Weihnachten ist.
Nachts hat Robin einen Traum: Rudolf nimmt ihn auf seinem Schlitten mit ins Weihnachtsland. Dort sind alle Bäume mit Lichtern geschmückt. Auf den Feldern wachsen Weihnachtssterne. Und die Häuser sind aus Lebkuchen und Zuckerguss. Vor dem letzten Haus steht Lola.
»Steig ein!«, ruft Robin.
Lola klettert auf den Schlitten, und gemeinsam sausen sie durchs Weihnachtsland.

Karla und die Krippe

Morgen ist Weihnachten. Mama und Papa bauen die Krippe auf. Karla darf zusehen. Papa stellt den Stall auf einen kleinen Tisch. Mama verteilt Stroh auf dem Boden und stellt Maria und Josef auf.
»Maria und Josef mussten in einem einfachen Stall übernachten«, erzählt Mama. »Dort gab es nur Heu und Stroh.«
Papa stellt Ochse und Esel neben Maria und Josef. »Kein Mensch war da, als Jesus geboren wurde. Nur ein Ochse und ein Esel sahen zu.«
Mama setzt die Krippe in die Mitte des Stalls. »Maria hatte kein Bett für das Jesuskind. Sie musste es in die Krippe legen.«
Vorsichtig nimmt Karla das Jesuskind und legt es in die Krippe. Und obwohl es nur auf Heu liegt, lächelt es.

Das Christkind und der Christbaum

Das Christkind ist aufgeregt: Wieder darf es bei einer Familie Geschenke unter den Christbaum legen.
Das Christkind saust durchs offene Fenster und legt die Geschenke unter den Baum. Dann bleibt es stehen. Der Tannenbaum ist einfach zu schön! Da kommt auch schon die Familie. Schnell versteckt sich das Christkind hinter dem Vorhang.
Mama zündet die Kerzen an. Papa, Mama und die Kinder fassen sich an den Händen und singen. Das Christkind lauscht. Doch plötzlich ruft ein Junge: »Da oben ist das Christkind!«
Das Christkind erschrickt. Blitzschnell verschwindet es durchs Fenster.
Da hört es, wie Papa sagt: »Das war nur der Wind, du hast dich getäuscht.«
Dem Christkind fällt ein Stein vom Herzen. Leise fliegt es zurück zum Himmel.

Das Vorleseprogramm

ab 2 Jahren

Henriette Wich
Kleine Tier-Geschichten zum Vorlesen
Ab 2 Jahren · 32 S.
ISBN 3-7707-3964-7

Henriette Wich
Kleine Gutenacht-Geschichten zum Vorlesen
Ab 2 Jahren · 32 S.
ISBN 3-7707-3960-4

Marliese Arold
Kleine Freundschafts-Geschichten zum Vorlesen
Ab 3 Jahren · 32 S.
ISBN 3-7707-2100-4

ab 3 Jahren

Henriette Wich
Kleine Feuerwehr-Geschichten zum Vorlesen
Ab 3 Jahren · 32 S.
ISBN 3-7707-3961-2

Ingrid Kellner
Kleine Sandmännchen-Geschichten zum Vorlesen
Ab 2 Jahren · 32 S.
ISBN 3-7707-3963-9

Sarah Bosse
Kleine Bauernhof-Geschichten zum Vorlesen
Ab 2 Jahren · 32 S.
ISBN 3-7707-2190-X

Sarah Bosse
Kleine Schlaf-gut-Geschichten zum Vorlesen
Ab 3 Jahren · 32 S.
ISBN 3-7707-2191-8

Weitere Informationen unter: www.ellermann.de

von ellermann

Dorothee Haentjes
Kleine Bären-Geschichten zum Vorlesen
Ab 3 Jahren · 32 S.
ISBN 3-7707-2730-4

ab 4 Jahren

Frauke Nahrgang
Kleine Geschwister-Geschichten zum Vorlesen
Ab 4 Jahren · 48 S.
ISBN 3-7707-3330-4

Ingrid Kellner
Kleine Prinzessinnen-Geschichten zum Vorlesen
Ab 3 Jahren · 32 s.
ISBN 3-7707-2913-7

Isabel Abedi
Kleine Drachen-Geschichten zum Vorlesen
Ab 4 Jahren · 48 S.
ISBN 3-7707-2106-3

Maja von Vogel
Kleine Pony-Geschichten zum Vorlesen
Ab 4 Jahren · 48 S.
ISBN 3-7707-3942-6

Maja von Vogel
Kleine Advents-Geschichten zum Vorlesen
Ab 4 Jahren · 48 S.
ISBN 3-7707-3942-6